AUX GERMAINS.

Par CONDORCET.

DES rives du Rhin aux bords du Jeniſſéc, ſoixante-dix millions d'hommes gémiſſent dans la ſervitude.

Un peuple ſerf, des bourgeois avilis, des nobles eſclaves & tyrans, tel eſt le ſpectacle qu'offrent l'Allemagne, la Hongrie, la Ruſſie & la Pologne. A peine un petit nombre de villes défendent-elles encore une foible portion de leurs droits contre les deſpotes dont leurs richeſſes excitent l'inſatiable avidité. Là les hommes naiſſent pour leurs ſeigneurs, comme des troupeaux pour leurs maîtres; là les rois ont des ſoldats dans leurs garniſons pour le divertiſſement ou le commerce de la guerre, comme des bêtes fauves dans leurs parcs pour le plaiſir ou le profit de la chaſſe.

Les amis de l'humanité ſe demandent, ſi le mouvement, que le réveil de la Nation Françaiſe a imprimé à la raiſon, ébranlera cette maſſe immenſe ?

Il ne ſe préſente que trois combinaiſons poſſibles. Ou les grandes monarchies, profitant des malheurs comme des ſuccès de leur guerre contre la France, ſe partageront les pays dans leſquels des princes, des ſeigneurs, des villes les fatiguent de leurs vieux privilèges & de leur demi-indépendance ; ou bien, ces princes, ces ſeigneurs, les citoyens privilégiés de ces villes, ſentiront la néceſſité de ſe rapprocher du peuple, de l'appeler à la liberté pour conſerver la leur, de lui ſacrifier une partie de leurs privilèges, pour ne pas perdre tous leurs droits, de lui faire partager leur indépendance pour qu'il les aide à la défendre contre les rois ; ou enfin, le peuple, fatigué d'être le jouet & la victime d'une hiérarchie de tyrans, inſtruit de ſes droits par les Français, aura le courage de s'en ressaisir, & enveloppera dans une destruction commune toutes ces institutions, à l'aide desquelles on avoit assujetti à des loix le partage de ses dépouilles, & fixé suivant quelles formes régulières il seroit permis de le soumettre à tous les genres d'humiliations & de violences.

I. La première de ces combinaisons est la moins vraisemblable. Toutes les religions ont un terme; & celui de la superstition royale est arrivé.

Une religion est bien établie; le peuple entier la croit; quiconque oseroit la nier, seroit un monstre indigne de vivre, ou se cache d'un doute comme d'un crime. Cependant la raison fait des progrès; on se communique en secret ses objections; quelques hommes de courage élevent la voix; rien n'est encore changé à l'extérieur; mais les esprits ne sont plus les mêmes; bientôt cette religion n'est qu'une fable qu'on respecte par habitude, qu'on soutient par politique. L'édifice est debout; mais sa base a été sourdement minée, il survient une légère secousse, & ses débris sont dispersés sur la terre.

Ainsi les hommes ont pu croire autrefois à la sainteté du pouvoir des rois, se persuader qu'ils seroient obligés à leur obéir d'abord par devoir, ensuite par honneur. Aujourd'hui la royauté n'est plus qu'une superstition politique, à laquelle on reste extérieurement fidèle, parce que, dit-on, un roi est nécessaire au maintien de la paix, parceque le peuple est trop ignorant, ou trop corrompu pour être libre, pour n'obéir qu'à sa raison. Mais par-tout aussi le peuple commence à savoir qu'on ne fait semblant de croire encore aux rois que pour le tromper, & chaque trône, placé sur un abîme, n'attend qu'une faible commotion pour s'y engloutir.

Une autre cause en doit hâter la chûte. C'est la médiocrité personnelle, ce sont les vices des rois, secrets de cour qui, dans l'état actuel de la société, ne peuvent plus se cacher aux peuples.

On se lasse bientôt d'obéir à des hommes qu'on méprise; & par un heureux hasard, il n'exiſte en Europe aucun roi que ſes mœurs, ſes opinions, ou la foibleſſe de ſon eſprit n'ait avili aux yeux de la nation qu'il gouverne.

D'ailleurs ils ne peuvent réuſſir dans leurs projets ſans irriter les peuples par l'augmentation des impôts, par les maux qu'entraîne la guerre, même la plus heureuſe. Trouveront-ils du crédit quand ils auront épuiſé leurs tréſors? La chûte de leur papier-monnoie, ou de honteuſes banqueroutes ne doivent-elles pas amener des ſoulevemens dangereux? Croient-ils que leurs querelles avec les peuples libres ne ſerviront pas à éclairer plus rapidement ceux qu'ils appellent leurs ſujets & ſur les crimes des rois, & ſur l'abſurdité de la royauté elle-même? Ignore-t-on à Vienne, à Berlin, à Madrid, à Petersbourg le ſecret des deſpotes, qui ne conſpirent l'anéantiſſement de la république françaiſe, que pour opprimer leur pays avec impunité.

Si donc ces rois veulent conſerver le ſceptre prêt à ſe briſer dans leurs mains, il faut que, renonçant à tout projet d'ambition, à toute conſpiration contre la liberté univerſelle du genre humain, ils cherchent à établir dans leurs états une de ces conſtitutions demi-libres, comme celle de Suède, d'Angleterre, comme la conſtitution françaiſe de 1791. Il faut qu'ils aient l'art d'en combiner les parties d'après l'eſprit général du peuple. Ainſi, par exemple ſi, comme en France, un peuple eſt fortement occupé du droit de l'égalité naturelle, s'il met ſa gloire à détruire les préjugés, on doit bien ſe garder de placer parmi les reſſorts du gouvernement la majeſté du trône, & l'adoration de la royauté conſtitutionnelle.

Il faut ſur-tout que, dans les premiers mois de cette conſtitution nouvelle, ils évitent avec ſoin de révéler au peuple par des faits bien éclatans ce quelle a de dangereux pour la liberté, ce qui peut la rendre vraiment impraticable. C'eſt par ces ſeuls moyens qu'ils peuvent eſpérer d'adoucir & de prolonger du moins l'agonie de la royauté.

Mais l'abandon ſincère du ſyſtême de partage feroit alors leur première opération; &

ils ne peuvent chercher à combiner avec la guerre françaiſe la conquête de l'Allemagne & de la Pologne, ſans riſquer d'accélérer une chûte que trop de cauſes rendent inévitable.

II. Les villes libres, depuis Danzick juſqu'à Francfort, les princes indépendans depuis le duc de Courlande juſqu'au margrave de Baden, les cités & les grands de la Pologne ont un intérêt commun de ſe défendre contre cette conſpiration des rois, d'éloigner la guerre de leur territoire, enfin d'éviter pour leur pays, & ſur-tout pour eux-mêmes, les effets d'une révolution trop entière & trop rapide.

Ils le peuvent encore, s'ils s'empreſſent de ſe lier entr'eux par une confédération nouvelle; & de l'appuyer de l'alliance de la Suiſſe, de la Hollande, de l'Angleterre, & ſur-tout de la France.

Les cercles de Weſtphalie, de Souabe, de Bavière, de Franconie, de Baſſe-Saxe, de Haute-Saxe, (les états de Brandebourg exceptés) du Haut & Bas-Rhin (même en retranchant ce qui eſt ſur la même rive que la France) forment un eſpace d'environ 150 lieues de long ſur 100 de largeur.

En examinant la poſition géographique de ces provinces, il eſt aiſé de voir que la fédération qu'elles formeroient, ayant derrière elle la France, la Belgique & la Hollande, garantiroit ces républiques des attaques de la Pruſſe, de l'Autriche, de la Ruſſie; tandis que ces mêmes états couvriroient au midi & à l'oueſt le territoire de la fédération nouvelle déja défendue par la mer du nord.

Un canal qui uniroit le Danube au Rhin par le Mein, & le Mein au Weſer, un autre qui, de Lubeck à Hambourg, ſeroit navigable pour les plus grands vaiſſeaux que reçoivent ces deux ports, & joindroit enſuite le Weſer à l'Elbe, aſſureroient l'indépendance du commerce de la fédération, & faciliteroient les ſecours qu'elle pourroit avoir droit d'exiger des alliés dont elle ſeroit le rempart. Par ce moyen les troupes, les munitions de la France, de la Belgique, de la Suiſſe ſe porteroient avec rapidité ſur les frontières du Brandebourg & de l'Autriche.

Il faudroit ſubſtituer d'abord un congrès comme celui d'Amérique avec un préſident, à la diète de Ratisbonne & à l'empereur, en remplaçant, par des députés repréſentans les cercles, ces ambaſſadeurs particuliers de chaque état, qui ne peuvent voter qu'après avoir conſulté leurs commettans. Ces changemens très-faciles donneroient le temps de perfectionner & le plan de la fédération & la conſtitution de chaque cercle. La deſtruction de la ſervitude, l'admiſſion du peuple dans les aſſemblées repréſentatives ſoit des cercles, ſoit des états qui les compoſent, ſeroient les baſes de ces conſtitutions particulières, & il reſteroit encore une part aſſez grande pour les préjugés ou les prétentions des princes, de la nobleſſe & des prêtres.

Je ne leur dirai point que cette combinaiſon pourra ſubſiſter long-temps, que ces préjugés ne ſeront pas rapidement détruits par le progrès des lumières, mais je leur dirai qu'elle durera plus long-temps que leur indépendance actuelle ne peut durer, & qu'ils s'assureront du moins d'une révolution plus lente & plus douce.

Danzick, Thorn, la Courlande renonceroient à une indépendance dangereuse, impossible à conserver, & s'uniroient à la Pologne qui, appelant les députés des paysans dans ses assemblées nationales, les déclarant propriétaires de leurs maisons, leur rendant la liberté de changer à leur gré de domicile, deviendroit bientôt une république puissante. Il faudroit seulement y abolir la royauté, source presque unique de tous ses maux.

En effet, le titre de président du sénat eut-il excité l'ambition des princes étrangers que la corruption ou la jalousie des grands nommoit les chefs de la nation; mais en qui elle ne voyoit jamais que des ennemis? Les familles puissantes auroient-elles eu pour un citoyen, revêtu d'une grande magistrature sous un nom modeste, cette haine que leur orgueil blessé par celui du trône, vouoit à un roi piaste le lendemain du jour où elles l'avoient choisi? L'élection de ce chef temporaire auroit-elle entraîné ces désordres, ces troubles, cette dépendance étrangère qui ont inspiré l'absurde idée d'un chef héréditaire?

La république de Pologne rétabliroit alors la liberté de la Vistule de manière à la rendre indépendante des caprices du gouvernement prussien.

Ces révolutions d'Allemagne & de Pologne sont moins difficiles à faire qu'on ne croit. Les princes, qui voudroient former une fédération germanique, convoqueroient dans leur pays une assemblée nationale, qui enverroit des députés à l'assemblée générale du cercle. Celle-ci, une fois formée, en enverroit au congrès général, & tandis que chaque pays, que chaque cercle s'organiseroit, ce congrès régleroit provisoirement les affaires générales de la ligue, fixeroit le nombre des troupes, le montant des contributions, nommeroit les chefs de l'armée & travailleroit ensuite au plan de fédération. Or la volonté active d'une grande ville impériale, ou d'un prince puiſſant, auroit bientôt donné à un cercle le mouvement qui ſe communiqueroit rapidement à tous les autres.

Il ſuffiroit pour la Pologne de fournir des armes aux payſans & de leur prouver que c'eſt pour eux-mêmes qu'ils vont combattre.

III. La troiſième hypothèſe eſt celle d'une entière révolution dont il n'eſt guère poſſible de prévoir les limites.

Qui ſait ſi, parcourant rapidement ces peuples attachés par une chaîne de fer au ſol qu'ils cultivent pour des maîtres, elle ne pénétreroit pas même juſque dans la Ruſſie? Cette terre peut auſſi porter des hommes libres. Il ne faut qu'un léger mouvement pour rendre à leur indépendance première ces hordes de Tartares plutôt tributaires que ſujettes, plutôt enchaînées qu'aſſervies. Une bien faible lumière ſuffit pour conduire à la liberté des hommes chez qui la crainte de la mort eſt inconnue.

Depuis long-temps Moskow s'indigne de

recevoir de Pétersbourg les ordres d'une usurpatrice étrangère, & la cloche de Novogorod (1), après trois siècles de silence, peut

(1) Novogorod, fondée dans le 5e. siecle, a conservé plus de mille ans sa liberté & ses formes démocratiques. Elle résista aux conquérans tartares pendant l'invasion des fils de Gengiskan. Cette république vouloit bien avoir pour chefs les princes de la Russie, mais jamais elle ne reconnut en eux ni un droit héréditaire, ni une autorité supérieure à celle du peuple. Lorsque les citoyens croioient que leur liberté étoit violée, ils sonnoient une cloche, appellée *vetchévoi* du mot *vetche* qui désignoit anciennement en Russie des assemblées générales du peuple. Elle avoient lieu dans toutes les possessions de la nation Russe.

L'usage s'en est aboli peu à peu; mais Novogorod le conserva. Au son de cette cloche, tous les citoyens se réunissoient, & le peuple en corps reprenoit l'exercice de ses droits. La crainte de ce signal terrible contenoit les despotes; mais Novogorod fut prise en 1475, & le *vetchévoi* transporté à Moscow, où il n'a plus été emploié qu'à sonner la prière.

L'histoire de la liberté chez tous les peuples connus seroit, dans l'époque ou se trouve l'Europe, un ouvrage presque nécessaire. On y verroit que l'ignorance a bien plus contribué à établir la servitude que les passions, la force ou la crainte, & par là on apprendroit à juger ces hommes qui, en dédaignant les lumiérés, en calomniant ceux qui peuvent les répandre, tendent à nous replonger dans l'ignorance & par conséquent dans l'esclavage.

ſonner encore le réveil du peuple & l'heure de la liberté.

Cette entière révolution feroit facile dans les villes d'Allemagne qui toutes renferment des hommes éclairés. Elle le feroit même dans les campagnes divifées en communes. La petiteſſe de la plûpart des états faciliteroit les réunions premières, tandis que les limites des cercles deviendroient celles d'un fecond ordre de réunion.

Qu'alors les peuples foient aſſez fages pour écarter d'eux cette jaloufie, compagne utile, mais dangereufe de l'amour de la liberté; que, dans une première convention nationale, ils ne s'arrêtent pas à la difproportion de la repréſentation, à l'influence inégale des divers états; que la conviction intime de l'identité d'intérêts, de la difficulté d'introduire des vues particulières dans une conſtitution qui doit être fondée fur la raifon & fur la nature, effacent les préventions, éteignent les défiances, & que du moins on laiſſe à une première aſſemblée le temps d'appeller, de réunir fous les armes les défenfeurs de la liberté, & celui de préparer une convocation plus régulière.

Quant aux armées, rien ne reſſemble mieux à une aſſemblée primaire qu'un régiment pruſſien, hongrois ou heſſois : les révolutions de la Hongrie, du Brandebourg & de la Heſſe peuvent ſe faire dans un camp.

Les troupes heſſoiſes, par exemple, éliroient tant de députés par régiment; ces députés indiqueroient à Caſſel pour un tel jour une convention nationale, compoſée de tant de membres élus de telle manière. Ils ſe nommeroient enſuite un général, commandant en chef de cette garde nationale toute formée, & ſous ſa conduite, marcheroient vers le lieu de la convention pour aſſurer la tranquillité des élections, la paiſible réunion de l'aſſemblée, & la liberté de ſes ſéances. Qui empêcheroit l'armée hongroiſe ou pruſſienne d'indiquer la convention de Berlin & celle de Presbourg? les ſoldats qui compoſent ces armées, ne ſont-ils pas les enfans, les frères des cultivateurs, des artiſans de la Heſſe, du Brandebourg, de la Siléſie, de la Hongrie?

Ils diroient à leurs concitoyens, à leurs parens : « Ne nous reprochez point de nous être

» emparés d'un pouvoir que vous ne nous aviez
» point donné. Nous ne l'avons pris que pour
» fécouer le joug de nos tyrans communs,
» pour vous rétablir dans vos droits, nous le
» remettons dans vos mains, après avoir brifé
» les chaines qui vous empêchoient de les ref-
» faifir & de les exercer. Ceux d'entre nous, que
» la violence ou la trahifon ont arrachés à leur
» famille, viennent s'unir à vous & partager
» vos travaux. Ceux que leur volonté retiendra
» fous des enfeignes devenues celles de la pa-
» trie, y refteront pour vous défendre. Refu-
» ferez-vous de donner volontairement à vos
» libérateurs ce que vous payez malgré vous
» aux fatellites de vos rois?

» Mais bientôt vous n'aurez même plus be-
» foin de foldats. Il ne vous refte plus qu'une
» feule guerre à foutenir, une guerre vraiment
» fainte, celle des hommes libres contre les
» tyrans, celle qui aura pour but la liberté
» univerfelle & la paix éternelle du genre hu-
» main.

» Nous avons vu les foldats de l'égalité, notre

» valeur, notre expérience, l'art de nos manœu-
» vres, l'habilité de nos généraux n'ont pu
» résister au sentiment qui les animoit, & ce
» sentiment ils nous l'ont communiqué. Vain-
» cus par eux, nous serons invincibles comme
» eux, quand nous combattrons aussi pour la
» liberté. Ils nous ont dit : soyez des hommes,
» venez partager nos droits, recevez de nos
» mains une part dans la dépouille des tyrans.
» Mais nous avons refusé ces offres honorables.
» Quoi ! nous serions devenus libres, & nos
» femmes, nos enfans, nos pères seroient restés
» dans les fers, nous aurions foulé une terre
» affranchie & celle qui nous a nourri seroit
» demeurée esclave ? Non. Nous avons voulu
» être libres, mais avec vous & pour vous ».

Croit-on que les troupes nombreuses qui restent dans les pays soumis aux despotes, ne s'uniroient pas à ces nouveaux soldats de la liberté ? Croit-on quelles pourroient leur résister, si l'or des tyrans les avoit corrompues, si elles avoient encore été séduites par leurs mensonges ? Quel est le sort d'un soldat allemand ? Trainé par force sous les drapeaux d'un maitre, mal payé, dreffé à l'exercice à la manœuvre avec le bâton, foumis à une difcipline tyrannique maintenue par des traitemens barbares, emprifonné dans fes garnifons, regardé comme un automate par fes généraux, comme un être d'une efpèce inférieure par fes nobles officiers, ne pouvant efpérer d'avancement, abandonné à la misère dans fa vieilleffe, vendu par fon prince aux puiffances qui veulent trafiquer de fon fang, il n'eft qu'un gladiateur, ou plutôt il eft réduit à l'état de ces animaux féroces, que leurs maîtres tiennent enchaînés & qu'ils font combattre au gré de leurs fanguinaires caprices. Le foldat français, au contraire, ne prend les armes qu'infpiré par fon courage, ne combat que pour lui-même, puifqu'il combat pour fa patrie, & traité en homme libre même dans les loix de la difcipline militaire. la carrière des grades & des honneurs lui eft ouverte avec une entière égalité.

Germains, le moment eft venu, ne le laiffez point échapper. Nous vous devons notre liberté, car c'eft de vous que nous tenons l'invention de la poudre qui a détruit la force de la chevalerie féodale; & l'imprimerie, qui a répandu, qui a rendu éternelle, ineffaçable la connoissance des droits naturels.

N'est-ce pas encore à vous que nous devons Jean Hus & Luther, ces hommes qui, les premiers, ont ébranlé le colosse de la superstition.

C'est du sein de la Germanie qu'étoient sortis ces héros qui marquèrent un terme aux conquêtes de Rome ancienne, & c'est d'elle que sortirent aussi ces hommes plus courageux peut-être qui, bravant à-la-fois la férocité superstitieuse des tyrans, & l'hypocrite cruauté des prêtres, arrêtèrent les conquêtes de Rome moderne, plus funestes encore. Et n'est-ce pas vous aussi qui avez révélé à la terre étonnée l'ordre du mouvement des astres, & les loix auxquelles ils sont assujétis dans leur marche éternelle.

Et dans le dix-huitième siècle, les compatriotes de Kopernic, de Kepler & de Leibnitz, de Staal & de Becker, seroient les stupides adorateurs des plus honteux préjugés qui aient avili l'eſpèce humaine. Ils chercheroient dans des diplômes ces droits que la nature a gravés dans le cœur de tous les hommes de courage ! Au nom de la liberté, vous avez marché avec Jean de Leyde ſous les drapeaux du fanatiſme, & vous refuſeriez de marcher avec nous ſous les étendarts de la raiſon !

Arrêtez vos regards ſur les Français libres, cultivant une terre auſſi libre qu'eux, leur travail n'appartient plus à un seigneur qui ait droit de les forcer à cultiver ſes poſſeſſions, à tranſporter ſes denrées, à raſſembler des bêtes fauves, afin qu'il puiſſe les égorger avec une dégoûtante facilité. Le produit de leurs champs eſt à eux ſeuls, aucune loi ne les oblige de le partager avec les prêtres ou les animaux ſauvages. Aucune loi ne les enchaîne à la glèbe ſur laquelle ils ſont nés, aucun homme n'a le pouvoir de les vendre pour le ſervice des rois. Aucune diſtinction aviliſſante ne les ſépare d'une caſte orgueilleuse qui se croit en droit de les mépriser, parce qu'elle a la force de les opprimer & de les piller. S'ils paient un impôt, c'eſt après que leurs repréſentans l'ont conſenti en leur nom, & ils ſont sûrs qu'il ne peut être employé que pour eux. Ceux qui font des loix ſuivant une forme immédiatement approuvée par tous, ceux qui exercent une autorité ſur les choſes ou ſur les actions qui doivent être aſſujéties à des règles communes, non-ſeulement tiennent ces pouvoirs des citoyens; mais ont été nommés par eux, & ſi tous ont concouru à nommer ces magiſtrats, tous ont eu le droit à être choiſis pour en remplir les fonctions.

Un Français, s'il eſt opprimé, ne demande point juſtice ou grace à un maître qui pourroit encore le punir d'avoir oſé ſe plaindre, il adreſſe & ſur ſes griefs perſonnels & ſur les intérêts publics ſes libres réclamations à ſes égaux, avec cette dignité modeſte d'un homme qui connoît ſes droits & fait reſpecter dans les officiers du peuple la nation au nom de laquelle ils agiſſent.

Chaque trait de ce tableau préſente un de nos avantages & un de vos malheurs. Mais on vous dira. « Voyez ce que ces biens ont coûté aux » Français, voyez combien peu ils ont servi à » leur bonheur, les croyez-vous donc si sûrs de » les conserver ? Ils crient à l'Univers qu'ils sont » libres, mais leur prospérité s'est évanouie ».

Je demande à mon tour quelles campagnes désertés sont demeurées en friche, quelles manufactures ont été abandonnées, quel art, quelle science restent sans culture. Notre théâtre ne s'est-il pas enrichi d'ouvrages dignes de la liberté ? Les grands travaux nécessaires, pour fixer une unité naturelle de mesure & de poids, n'ont-ils pas été conçus, entrèpris, presque exécutés depuis la révolution ? Eh ! quand il seroit vrai que nous eussions paié trop chèrement le bonheur inestimable d'être égaux & libres : vous, que nos fautes & nos malheurs auront instruits, vous qui n'aurez à combattre ni les sourdes conspirations de princes parjures, ni le patriotisme hypocrite de vos nobles, ni la ligue des despotes réunis, vous qui formez seuls les armées des derniers ennemis du genre humain, que pourriez-vous craindre ? Dans quelle autre partie du monde la tyrannie trouveroit-elle des ſoldats à vous oppoſer ? Nos ennemis intérieurs avoient des complices dans toutes les cours de l'Europe & ſur tous les trônes. Réduits à nous-mêmes, trahis partout avec impunité ; ne trouvant nulle part une force qui put nous défendre, ſi un moment d'erreur nous livroit à des traitres ; il nous a bien fallu tomber par degrès dans une défiance ſouvent éxagerée & toujours funeſte. Mais, vous, à qui il ne reſte qu'à cultiver ce champ de la liberté que nous avons été forcés de defricher : mais vous qui, dans votre révolution, trouverez chez nous ce point d'appui que pendant la nôtre vous prétiez à nos ennemis, vous balanceriez encore !

Je ſais que la liberté du monde ne dépend plus des rois, ni même des peuples ; je ſais que la force irréſiſtible de la raiſon, que l'influence néceſſaire du progrès des lumieres doit triompher également & de la perfidie des princes & des erreurs ou de la faibleſſe de la multitude. Mais la victoire peut-être plus ou moins diſputée, mais de longs malheurs peuvent faire acheter bien cher ces biens qu'il eſt impoſſible de nous ravir, mais dont la ſageſſe peut accélérer pour tous les hommes la douce & tranquille jouiſſance.

Germains, le ſort de l'humanité eſt décidé, mais celui de la génération préſente eſt en vos mains. Oſez ſeulement prendre avec vos tyrans le ſévère langage de la vérité & l'Europe ſera dans quelques mois libre, paiſible & fortunée.

www.ingramcontent.com/pod-product-compliance
Ingram Content Group UK Ltd.
Pitfield, Milton Keynes, MK11 3LW, UK
UKHW022149260726
13993UKWH00005B/2262

9 782329 168050